私はわたし、80過ぎでもおしゃれは続く

木村眞由美

「私はわたし」のファッションルール

おしゃれは「楽しい！」がいちばんです。

80過ぎても、着たいものを自由に着ています

3年前、80歳を前にして、大好きなおしゃれのインスタグラムを始めました。フォロワーの方から、嬉しい感想がたくさん届きます。

「カッコいい！」や「素敵ですね！」というお褒めの言葉も……（笑）。でも、私にとっては、これが毎日のスタンダード。何十年も、このスタイルでやってきたから、ファッション観にも迷いはありません。

歳なんて気にしない。人が言うことも関係ない。私はわたし、人と同じにはしたくない。着たいものを着る。着たいように着ます。おしゃれは、何よりも楽しまなくっちゃ！って。

私のおしゃれ、三つのルール

私のおしゃれの基本は、スタンダード。それは、若い頃から変わりません。シンプルな白シャツやパンツ、トレンチコート、黒のTシャツ、エルメスのバッグ、そして色ならキャメル。それを、面白おかしくくずしていったら、なんでも自由に着られるようになりました。

もっとも、セオリーがないわけではありません。長いおしゃれ人生で、ときにはとんだ失敗をしながら、経験的に得てきた私なりのルールがあります。それが、「はずす」「くずす」「色で遊ぶ」の三つです。

Rule 1 はずす

私は、気取るのが苦手です。ハイブランドにはかなりお金もつぎ込んだけど（笑）、いかにもハイブランドを着てますよ、っていうおしゃれは、カッコ

悪いと思います。また、タイトスカートにはハイヒール、ジーンズには迷わずTシャツみたいな、お決まりのファッションも、つまらない。服に縛られている気がするじゃない？　常識やスタンダードから、どうやって離れるか。その工夫が、「はずす」なんです。

ポージングを褒められます！　小さい頃からバレエ、モダンダンスを十数年やってきたおかげ。姿勢をよくするのも、おしゃれの基本です。

たとえば、以前毛皮が流行っていたとき、私はハイヒールではなくスニーカーを履き、バッグは持つのではなく斜め掛けにして歩いていました。ゴージャスを**カクッとカジュアルにはずす**、という感じ。ちなみに、靴やバッグは、はずすのに大活躍してくれるアイテムです。

プチプラとハイブランドの組み合わせもよくやります。たとえば、若者向けのユニクロTシャツやジーンズなら、上着にバーンとグッチのコート。このギャップが、私はカッコいいと思うのね。

テイスト違いを合わせるのも、ありです。マニッシュなパンツスタイルに、首元だけはフェミニンなアクセサリーやストールを合わせたり、マダム風のシャツにライダースジャケットをマニッシュに合わせたり。思いがけないハイブリッド効果が生まれるものよ。

Rule 2 くずす

シャツに袖口までピシッとアイロンをかけて、襟までボタンをきっちり留めて……。こういう着方、楽しくないでしょ。「きちんとした感じ」から離れたい。そのテクニックが、「くずす」です。三つくらいあるかしら。

まず、**「クタッと感」好き**です。たとえば、シャネルのジャケットだって、洗濯機に放り込んでガラガラと回したいくらいです。干すときに、パンパンと叩いておけば、小じわがほどよく残るでしょ。それをタンクトップの上に引っ掛けると、全体がクタッと力が抜けた感じになって、ブランドも形無し？（笑）。こういう遊びが好きです。

「無造作」も好き。シャツもジャケットも、袖を無造作に肘までたくし上げると、動きが出ます。ブレスレットなど、手首のおしゃれも楽しめるしね。襟はクシャッとさせて、胸元をブラが見え隠れするくらいまで、開けてしまう。顎から首にかけてのラインがすっきりして、小顔効果あり！　ちなみに、TシャツもUネックを選ぶのは、そういう理由。もし寂しければ、アクセサリーをジャラジャラつけて華やかにします。胸元で、女っぽさを！　これが、私の十八番《おはこ》です。

最後は、**「常識破り」**ってことかしら（笑）。カーディガンを後ろ前に着たり、厚手のセーターの上に薄手のセーターを重ね着したり。帽子をわざわざつぶす、ブランドカバンを裏返す、ワッペンを貼る……。人が思いつかないことをやるのが好き。失敗もあるけれど、やったもん勝ち、楽しんだもん勝ちですよ、おしゃれって。

Rule 3 色で遊ぶ

色は、コーデのキモ。洗練の決め手ですね。シックにまとめたいときは、ベージュの同系色で。アクティブにいきたいときは、ピンクに赤を合わせることだってあるんですよ。でも、打ち上げ花火になってはいけません。だから、私は、**3色以上は使わないの**。

たいていは2色中心で、3色目は差し色遣い。全身グレーのファッションなら、どこかにパーンと派手色を持ってきます。ストールやアクセサリー、バッグでもいいの。それだけで華やいで、地味が洗練に一変します。

差し色遣いの基本は、濃い色と濃い色であれば、薄い色。薄い色と薄い色なら、ちょっと濃いめの色。たとえば、黒と緑に、白の差し色。メリハリがついて、印象がパッと明るくなります。ベージュと白に、赤の差し色。ほんの少し加えるだけで、ヴィヴィッドになります。

差し色にするアイテムは、なんでもあり。布袋だって、小さなピアスだって、靴のカカトの色だって。思いもかけない部分の色が、差し色として生きてくることはたくさんあります。

まず、おしゃれを楽しむこと！ 80歳を過ぎて、ますますそう思います。お洋服で遊びましょう。今日のファッションに、少し遊びごころを足してみて！ きっと、鏡のなかには、いつもと違うあなたがいるはずよ。

もくじ

夏のコーディネート

秋のコーディネート

冬のコーディネート

女の色遊び

ときおり、パ〜ッと、華やかな色遊びがしたくなります。オレンジとピンク。イエローとスカイブルー。ローズピンクにショッキングピンク。赤と赤。どれも、女ごころを刺激する。デートする友人は、いつも「それは、あなたにしかできへんわ〜」と、半歩引いた褒め言葉をくれる。でも、私は平気。だって、楽しいんだもの。とくに雨降りの日は、思いっきり色で遊んで、ブルーな気分を吹き飛ばす。これは、効果あります。

ただし、色遊びをするときは要注意。同じ色でも色調や素材の相性で、カッコよくなるか下品になるかのギリギリの攻防があるんです。どっちに転ぶか、その際どさが色遊びの面白さでもあるわけ。また、アクセサリーは一切つけない。これは鉄則。色だけで十分派手だから。胸元が寂しかろうと、手首が物足りなかろうと、それでいい。その潔さが、色遊びの心得やね。

Fashion point

きれいなピンク色のTシャツ＆カーディガンに鮮やかなオレンジ色の膝丈スカート、5センチヒールのサンダルと、これ以上引けない究極のおしゃれ。ポイントはなんと言っても、個性的なサンダル。デパートでひと目惚れし、夕食の買い物を早々に切り上げてゲットしたフランス製。胸元の大きく開いたピンクのTシャツは、ロサンゼルスで5年以上前に購入。スカートは、ドルチェ＆ガッバーナ。

インスタグラム事始め

息子たちに懇願されて、インスタを始めたのが、3年前。夫が逝って落ち込んでいた私を、このまま放っておくとうつ病になってしまう、と息子たちが心配したの。「そんな難儀なことできへんわ」って言ったのに、「絶対できる」って言うんやもの。「お母さんは、すべてにこだわりがある人だから、それを載せればいい」って。最初は息子や店のスタッフに写真を撮ってもらっていました。今では、自撮りも覚えました。毎朝、気分でさっと決めて、ファッションが見映えする場所でポーズを決めます。アップすると、いいね！がついて、感想が届きます。毎晩お返事を書いて、熱が入って深夜12時を回ることも。インスタはもう生活の一部、これがなかったらつまらんわ。

このあいだ、インスタ写真の選りすぐりをプリントしといたの。老人ホームに入ったとき、どや！って自慢しようと思ってね。

Fashion point

アクタスで買ったライトグレーのスプリングコート＆パンツ。さらりと軽い肌触りが心地よく、春らしい。Tシャツとスニーカー（ホーガン）は白で合わせ、全身ワントーンですっきり。ストールとリュック（レスポートサック）のボリュームのある黒で、バランスを取りました。コートは胸元を大きく開けて、ウエストをブラウジングすると、アクティブな印象に。左はインスタの写真。こちらも春らしいツートーンコーデ。

初めてのパリ、思い出のグッチ

40年前、初めて訪れたパリ。真っ先に向かったのがグッチでした。アートとファッションが溶け合った世界は夢のようで、何度も店の前を行ったり来たり。足を踏み入れる勇気がありませんでした。ところが、ウインドーに飾られていたこのエメラルドグリーンのコートが、ホテルに帰ってもどうしても忘れられない。ひと晩、迷いに迷って、今日こそ買うわ！と勇気をふり絞って、店に入りました。ようやく私のものになったときの高揚感は忘れられません。

あれから、気持ちが沈んだとき、寂しいとき、幾度この服に慰められ、力をもらったことでしょう。私は歳を重ね、このコートのグリーンも色褪せ、裾にもほつれが目立ち始めましたが、今でも着るたびに、あの日のドキドキを思い出します。お気に入りの服には、物語があります。出会いだけでなく、私の半生の記憶も全部ひっくるめて。

Fashion point

ずいぶん着込んだグッチのコート。クタクタになっていますが、その感じが魅力。カーディガン感覚でラフに着ています。主役は、もちろんこのエメラルドグリーン。帽子からシャツ＆パンツ、靴（グッチ）まで黒で合わせ、ヴィヴィッド感を出しました。指輪に注目、これも黒です。濃いサングラスも効いてるでしょ。

「どっか食べに行こか〜」

こんな格好が、夫は一番好きやった。こんな格好すると、必ず「かあちゃん、どっか食べに行こか〜」って。ウフッ、やった！　お鮨の日。男の人は、エレガンスにほとほと弱いのね（笑）。

今では滅多にしないファッションだけど、たまに思い出したように着てみます。マダム丈のベージュのスカートにレオパード柄のカーディガン、ハイヒールを履いてケリーバッグを持って。ツカツカ近所を歩いていると、目ざとく見つけた知り合いが「どうしたん？　どこ行くねん？」とアングリ顔。よほど、私らしくないみたい（笑）。確かにね、もしこのカーディガンに腕を通してしまったら、もう私ではなくなっちゃう。さらりと肩に羽織って、風になびかせ颯爽と。それが私。きっと、空の向こうから、声がかかるんじゃないかしら。「おーい、かあちゃん、どっか食べに行かへんか〜」

Fashion point

ベージュの同系色でまとめてシックに。カーディガン（ヨシエ イナバ）のレオパード柄のこげ茶とケリーバッグの色合わせがポイント。スカートは夫が「これ穿いたらいいやん」と買ってくれたもの。スタンダードなボックスプリーツで、合わせやすい。ケリーバッグは数十年来の愛用品で、あちこちはげたり傷がついていたり。夫や友人に修繕を勧められたけど、ノーサンキュー。傷も汚れも長年使い続けてきた証し。それが味になるんです。

スニーカーで、はずす

以前、ニューヨークで、女性たちがタイトスカートでスニーカーを履いて、足早に歩いている光景に出会いました。タイトにヒールという常識を、スニーカーで平気ではずしてる。ヒールから解放された女性たちの足元の、なんという軽やかさ！　時代は変わったと思いました。

私もスニーカーを愛用して10年以上。パンツやジーンズはもちろん、ロングスカートにワンピース。かまわず合わせて履いています。歩きやすいだけじゃなく、はずしておしゃれを楽しめるから。素敵！と思ったら即買いです。知らずに、若者に人気のモデルを買って、スタッフに驚かれたことも！　お店にいらっしゃるお客様にもアドバイスするの。「スニーカーを合わせて着てください、若々しくなりますよ」って。「何を買えばいい？」と聞かれたら、まずは定番のコンバースを勧めます。私は靴下を履くので、ワンサイズ上を買います。

Fashion point

春らしいフレッシュな装いをしたいときの、ブルーと白のギンガムチェックのワンピース。ちょっとキュートすぎるかも?(笑)。私は背が高くないから(155㎝)、格子は小さめ、1センチくらいの大きさにこだわります。スニーカー、帽子、布袋を白で合わせると、全体が春らしくブライトアップ。スニーカーは、清水の舞台から飛び降りるつもりで買ったプラダ。真ん中の赤のラインと口紅が差し色に。

「ハイッ!」と「は〜い」

気をつけていることの一つが、返事。「ハイッ!」と「は〜い」を使い分けています。スポーツをやっていたせいか、若い頃はどんな時も、ハイッ!ばかり。結婚してからは、は〜い、に変えました。夫への返事は100%、は〜い。「アレ取ってくれる?」、は〜い。「出かけるけど一緒に行く?」、は〜い。女性らしくて優しく感じるらしい。「!」は響きがよろしくない。だから、息子に対しても、「お母さん、スーパーでアレ買ってきて」、は〜い。「こんなことしたら、アカンがな〜」、は〜い。ちょっぴり間が抜けたオカンの方が、丸く感じてなんとなく収まるときもあるでしょ。夫婦喧嘩も滅多にしなくなる。お店でも、アレを見せてくださいと言われたら、「ハイッ!」よりも「は〜い」が非常によろしい、とスタッフに。大きなお世話かな〜と思いながら、優しい響きの「は〜い」が好き。

Fashion point

グリーンを着てみたくなって買った麻のワンピース。サラリとして、春風が抜けていく感覚が心地よいの。カゴ、バングル、サンダル(レメ)、ペディキュアを黒で揃えてスパイス的に使うと、グリーンの鮮やかさが引き立ちます。ワンピースの胸元は第3ボタンまで開けて、女っぽく着こなしましょう。

アクセサリーは、足したり引いたり

アクセサリーは、出会いもの。いいと思ったら即買いです。好きな洋服屋で見つけたり、街を歩いていて、ふらっと入った雑貨屋でひと目惚れしたり。気づいてみれば、金、銀、宝石、マダム風のものからおもちゃみたいな可愛いらしいビーズまで。引き出しの中は、お花畑みたいです。

アクセサリーは、一度つけたら、鏡の前で足したり引いたり。色が控えめでシンプルなときは、足して足して、ジャラジャラとにぎやかに。逆に派手な色だったり、服だけで主張できるものは、引いて引いて、結局、ノーアクセサリーということもありますね。色合わせも気にします。白にはシルバー、黄色にはゴールドとか。実は、顔の大きい小さいも、アクセサリー選びに関係するの。顔が大きいと、大きいネックレスはつけられないけど、サイズが小さすぎても貧弱に見える。大きさの頃合いが難しいです。

Fashion point

ピンクの麻のシャツに細いストライプのジャケット、赤のギンガムチェックのストール。柄違いも色合わせをすれば、うるさくなく、おしゃれ感が出せます。ボトムは、茶色のスカートを合わせて、落ち着いた雰囲気に。雑貨屋で買ったビーズのブレスレットも赤系統で色合わせ。こんな遊びごころもおしゃれのコツね。ストールはぐるぐる巻きにして胸元にボリューム感を。靴は、長年履き込んだグッチのローファー。

“ええかっこしい”は、どこ行った？

私もユニクロを買います。下着やパジャマやTシャツ。でもね、毎日500円のシャツを着て得意気にしていたり、上から下まで全部で2000円よ、って自慢したりする人、私はちょっと苦手やわ。ブランド物を好む時代ではないけれど、プチプラばかり着ていると、心までしみったれてくるような気がするの。

昔、神戸は〝ええかっこしい〟が多かったんです。男も女も。良い物を身にまとい、思わず振り返るほどシュッとした男がウロウロしていました。今はもう安物を着て、ベタベタと前かがみに歩いて。聞くと、自分だけ高級品を着るのって、恥ずかしいらしいのね。でも、そういうの、悲しいわ。全部、バチっと決める必要はないのよ。ユニクロの上下で固めたら、バッグや時計や靴とかは、バーンといいものを合わせるの。おしゃれって、そういうものじゃない？

Fashion point

主役はイデーで買ったきれいな若草色のロングジャケット。麻素材で、洗うほどやわらかく馴染んでくる。黒Tシャツ＆白のスウェットパンツ（エヴァムエヴァ）にパサッと羽織ると、色のコントラストがヴィヴィッド。首には黒のネッカチーフを小さく結んで、さりげないアクセントに。スニーカーはプラダ。左はインスタに上げた写真。このときは、白いストールでさわやかコーデ。

“おはち”と呼ばれた少女

母ひとり子ひとりの家庭でした。母は教師だったけど、真面目いっぽうの人ではなかったの。母自身が「私はわたし」という人だったから、娘の私にも、規則や常識を押し付けず、「あなたの好きなようになさい」と自由に雑草のごとく育ててくれました。まさに、野育ちでございます。おかげで、小さい頃から「マユミちゃんは、おはちやね〜」とよく言われました。おはちとは、広島弁で言うところのお転婆です。

実際、小さい頃は、野っ原を駆け回ったり、木登りをしてビワの実を落としたり。高校時代は男女共学でしたが、男の子にカバンを持たせて（誤解しないで、彼が自分で持ちたいって言ったのよ）後ろを歩かせたりね。はじけた少女だったのよ。今も友人に言われます。「80代で、なんでそんな早足で歩けるの？」って。それはね、今でも私が、おはちやからなんです！

Fashion point

春から初夏にかけて活躍するレモンイエローの麻のシャツ。ボトムは何にしようか迷ったけど、ストレートジーンズを合わせました。カジュアルだけど、胸元はブラが見え隠れするくらい開けて、女性を表現するのが私流。アクセサリーはブレスレットのみ。黄色には、やっぱりゴールドです。帽子はクシャクシャにつぶし、ラフにかぶってマニッシュに。白のスニーカーは、ホーガン。靴によっては重いものもあるけど、安定感があるので好き。私は足腰が丈夫で骨密度も高いけど、記憶密度は薄くなってます〜（笑）。

に優れたコーヒーです。
雑味の無い後味で飲みやすく
自然のナチュラルなテイスト。
是非一度お試し下さい。

長いものには巻かれろ！

歳とともに、ロングが増えていきます。なぜかって？　正直に言いましょう。それは、ゆゆしきお腹問題のせいなんです。肥えていく。歩いても歩いても、肥えていく。たっぷりとしたお腹を隠したくて、ついついロングを選んでしまう。ロングで、お腹回りから視線をそらし、縦長に見せるっていうコンタン。長いものには巻かれろ！ってことやね（笑）。

だけど、隠すだけのロングなんて、絶対イヤやん。お腹が出たって、おしゃれをあきらめるわけにはいきません。隠してなおかつ、どうやってロングをカッコよく着てやろか？　スマートに着てやろか？　その工夫が大事でしょ。いろいろ試しているんです。サイズは、思い切ってくるぶしまでの長いもの。ゆったり羽織って、余裕を見せる。袖はたくし上げて、スッキリと。まだまだ、ロングとの付き合い方を模索中。

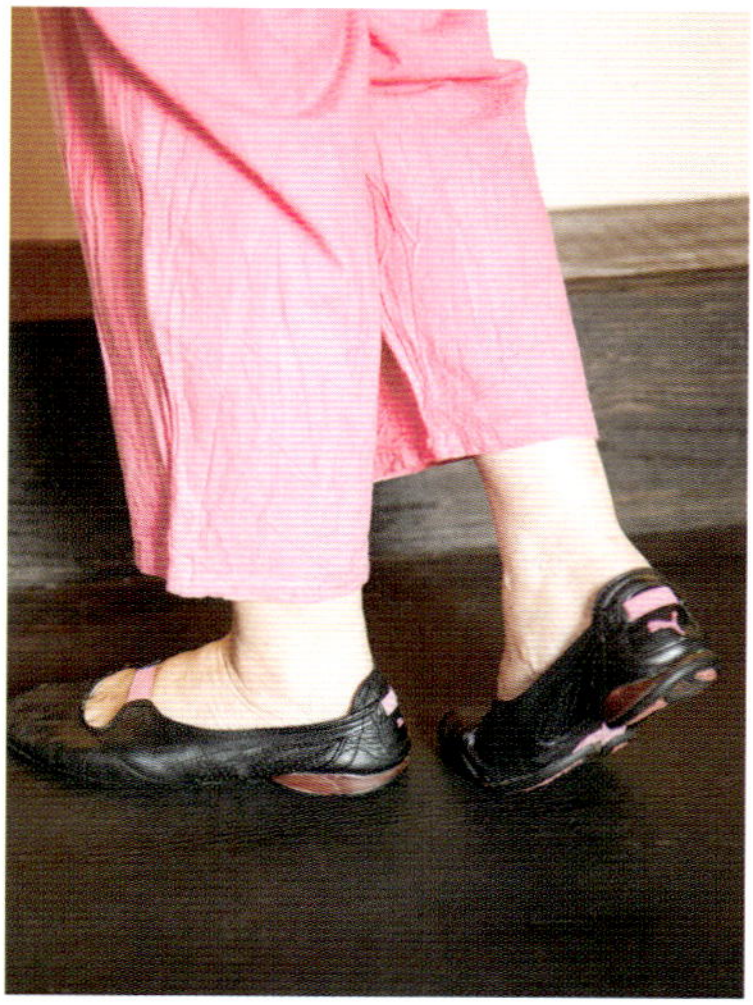

Fashion point

麻素材で揃えたファッション。茶色&ピンクは意外ときれいな組み合わせ。茶色のジャケットは色が珍しくて最近買ったもの。やわらかくてゆったり。ボタンは留めず羽織るように着ます。インナーの上下も同じピンクで合わせると、お腹回りに視線がいかず、すっと縦長に見える。ポイントは、プーマのペタンコ靴。服と同系のピンクがキュートなアクセントです。

私のファッションアイテム

靴
バッグ
アクセサリー
メガネ

靴

靴はケチってはダメね。高いものは、長く履けます。いい靴は、試着して歩いてみるとわかります。足に吸い付いてくる。足が置いていかれる感じがするものは、どんなにデザインがよくても買いません。すると結局、グッチ、プラダ、トッズなどハイブランドが多くなるんだけど。ブルーとイエローの靴（グッチ）はフランスで購入。派手な色遣いのものは、日本ではなかなか手に入らないの。

スニーカー・ブーツ

スニーカーは好き。やはり足に吸い付くことが条件ですが、面白い色や珍しいブランドものを衝動買いすることも。黒（写真前列右）のスニーカーは、知らずに買ったら、若者に大人気のナイキのエアマックスでした。カフェの子が、「すごいやん！ 奥さん」って（笑）。ブーツは、最近は面倒であまり履かないけど、ロングスカートのとき、ヒールの低いものを履きます。

バッグ

だいたい、ひと目惚れで買ってしまいます。ハイブランドも多いけど、人が持っているようなものは早めに手放し、気に入ったものはとことん使い切って大往生させます。右のポールに掛けているピンクのバッグは、シャネル。汚れた部分にワッペンやボタン、ビーズを貼ったところ、「どこで買ったの？」と聞かれました（笑）。どんなバッグも、ピカピカの新品より、少しくたびれたぐらいがカッコいい。箱にしまわず、ポールに掛けて見えるようにしておくと、これを着たから、じゃあバッグは何にしようか、とすぐ選べるの。

シャネルのジュエリー

何十年も前に揃えたシャネルのジュエリー。パールに宝石がほどこされた芸術品のような美しさ。これもひと目惚れでした。久しく登場機会がなく、今は見て楽しむものになっています。

メガネ

メガネは、遊び道具。フレームの形、色や模様、レンズの色などいろいろ持っていますが、メガネはあくまでアクセント。目立つほど大きなものは避け、顔幅より少し小さいものを選びます。

クリスチャン・ディオールの964

おしゃれは、口紅で完成します。服を着て、帽子やバッグ、靴を決めたら、最後にキュッと口紅を引く。よし、これでいこう！と気持ちが引き締まる。おしゃれって、この高揚感が楽しいのね。口紅をしない人もいるけれど、洋服がどんなにファッショナブルでも、口元に色がないだけで、どこか印象がボケてしまう。気が抜けたサイダーみたい。とくに、シニアになると口紅の使い方で、印象が全然変わるのよ。

私のお気に入りは、クリスチャン・ディオールの964。このボルドー色はダークなのに、塗ると顔が若々しく華やいで見える。どんなファッションも、この一色でピシリと決まるから重宝していたの。でも、廃番になっちゃって。残念！とインスタでつぶやいたら、なんとフォロワーの方がフランスから送ってくださいました！インスタってすごい。つながりってありがたい。

Fashion point

夏だからこそ、黒ずくめがカッコいいと思う。黒のシンプルなＴシャツ＆パンツスタイルに、黒のスニーカー（ナイキ・エアマックス）。ソールの白が、全身黒の差し色に。カジュアルすぎないよう、バッグはルイ・ヴィトンのビニールバッグ。Ｔシャツ（レイトリー）は、フレンチ袖と小さな立ち襟で上半身をすっきりと見せてくれるお気に入りの定番。パンツは穿きやすいストレッチタイプ。

運命の出会い

夫と出会ったのは、友人と一緒に東京へ向かう汽車の中でした。体調を悪くして一度下車して乗り直した汽車のボックス席に、夫も友人と二人で座っていたの。夫は英字新聞を広げていたから、キザやわ〜って思ってたんです。後で聞いたら、新聞に少し穴を開けて私のことを見てたみたい。

少しずつ会話が弾むようになった頃合いに、「明日箱根へドライブに行くので、君たちも一緒にどうですか」って。相手は初対面の男性たちだからね。ちょっと迷ったけど、その誘いに乗りました。で、そのときに聞いたのね。「あなた、出身どこ?」って。そうしたら、神戸だって。神戸で貿易会社の社長秘書をしているって。神戸は、昔からの憧れの街。この人と結婚したら、神戸に行けるな、とそのときふっと思ったの。それが現実になったんです。新聞の小さな穴が引き寄せた、運命の出会いでした。

Fashion point

麻のすとんとした白いワンピースは、お店で扱っているmakieさんのもの。さらりとして着心地抜群、すとんとしたカットソータイプは夏の最強アイテムです。シンプルで、清々しい雰囲気を大切にしたいから、アクセサリーはごちゃごちゃつけない。シルバーのバングルとチェーンネックレス、指輪だけ。自然素材のカゴと帽子を合わせて、ナチュラルに。濃いサングラスで甘さを抑えます。

おしゃれの原点

私のおしゃれの原点は、私流に言うと、できくさしに産んでもらったこと。母が美人、でも父はちょっとブサイクで、混ぜ合わせたらこんな顔に(笑)。そのおかげで、よし、おしゃれになってやろう！と思ってね。母の影響もあって、早くからおしゃれに目覚めました。高校時代も仲良し三人組のうち二人は、スカウトされるほどの美人で、男性にもよくモテていたの。私だけモテないから、それなら私はおしゃれで勝負！と、きれいになる努力を一生懸命したんです。そうしたら、声をかけられるようになりました。

周りを見てごらんなさい。容姿がそこそこの人ほどおしゃれよ。女優さんもそう。魅力的な人は、自分をよく見せる方法をよく知ってるの。最初からきれいだとそれで満足してしまうけど、ブサイクでも、ちょっと努力すればきれいになれる。この心がけこそ、おしゃれの基本じゃないかしら。

Fashion point

街歩きをしていて、その鮮やかさに目を奪われ、思わず買ってしまった朱赤のワンピース。これ１着で十分に派手なので、アクセサリーは一切つけず、大柄の大判スカーフだけで、シンプルなＡラインに動きを与えるのがポイント。濃いサングラス、黒のサンダル＆黒のペディキュアを差し色にすると引き締め効果アップ！

洗練と若づくり

若い頃から憧れたのは、白シャツにジーンズ、スニーカー、そしてクタクタになったバーキンバッグ。このジェーン・バーキンスタイルこそ、年齢を超えた洗練。それが似合う女性でありたいわね。

洗練って難しいけれど、最後は品に行き着くと思います。神戸の街でもときどき、ワッ（汗）という格好をしたシニアの女性を見かけるの。たとえば、ミニスカートにブーツを履いている人。そこには、若く見えるんじゃないか、っていう下心が透けて見えてしまう。年齢にふさわしくない若づくりは品がない。私自身は、比較的カジュアルでマニッシュなファッションが好きだけど、だからと言って若さを求めているわけではありません。だって、体型だってお肌だって年相応に老いているもの。それを認めて、無理せず、自分にあったように着るのが洗練ってことだと思うのよ。

Fashion point

首元をすっきり見せるUネックの白Tシャツに、ワイドタイプのジーンズ（レイトリー）を合わせるのが大好きな夏の定番。シンプルになりすぎないよう、白と相性のいいシルバーの指輪とブレスレットをジャラジャラッとつけて、大人カジュアルに。ジーンズの裾をふた折りし、赤いステッチをさりげなく見せると可愛い！　白のスニーカーはプラダ。

セーラー服とジャズ

私の高校時代といえば、おしゃれと音楽。故郷の広島県呉市には基地があるから、小さい頃は、街中に外国の音楽が溢れていました。外国雑誌もたくさんありました。セーラー服を胸元まで開けて人と違う着こなしをして、大人ばかりが行くジャズ喫茶に出入りしていたんです。後になってわかったのですが、夫もジャズ好き、フランク・シナトラファンだったのは、幸いでしたね。

あるとき、大好きなジャズバンドがやって来たので、学校をサボって行きました。見つかって、三日間停学になりました。母は呼び出され、こっぴどく怒られたそうです。「すみません、すみません」って謝り倒して帰ってきた母は、私には「いいわよ、大丈夫」って。母自身、ジャズが好き、おしゃれ好きだったからなのでしょうか。自由を尊重してくれました。「あなたの好きなようにやりなさい」。それが口癖でしたね。

Fashion point

黒でいきたい、でも黒ずくめは避けたいというとき、このスモーキーグレーの麻Tシャツの出番です。薄くて透け感があり、やわらかく包むように体にフィットします。帽子から靴までハードな黒で攻めても、これなら品よく決まる。黒のスカートは、ギャザーが程よくボリューム感を出しつつモッタリとしない。Tシャツの大胆に開いた胸元は、潔くノーアクセサリー。キャミソールの黒をちらっと見せるのが、女らしさのエッセンス。

料理上手な夫直伝の出汁

夫は実家が料亭をやっていたせいか、"西の梅宮辰夫"と言われるくらい料理好きの料理上手でした。毎日のご飯だけでなく、おせち料理も全部彼の手作り。基本は彼が食べたいものを作るので、私は、はい、ありがとう、ごちそうさまって、お相伴にあずかるだけ。ただし、朝食だけは私の担当。パンにチーズやトマトをのせるのが定番でしたが、夫が病気になってからは、手作りの特製ジュースが加わりました。これ、すごいのよ。りんご、バナナ、パセリに黒酢、ヨーグルトに豆乳……、素材はなんと10種類！

夫亡き後は、むろん料理は自分で作ります。夫直伝の出汁を銅鍋で一週間分作って、小分け冷凍して使っています。結婚して60年も経てば、夫の味が私の味。味の濃い出来合いのものは口に合わないけど、たまに買ってきたときは、夫が好きだった器に盛り付け、目にもきれいにして並べます。

Fashion point

紅白でおめでたい？（笑）。ギンガムチェックのジャケット（オールドマンズテーラー）は、袖を通せば通すほど風合いが増すスグレモノ。パツパツ気味だけど、心意気で着ています。夏だからＴシャツもジーンズも白一色でスカッと。秋になれば、茶のスカートや赤のパンツを合わせてもグッドです。バッグはエルメス。

Toliuo

大好きなものは大往生させてあげる

バブルの頃の忘れもの。「あんた、まだ持ってんの〜？　売りなさいよ〜」と友人A子。「セーター、袖切ってベストにしたわよ」と友人B子。こんな話で盛り上がる、我らシニアのマダムたち。確かに、40代から50代はハイブランドまっしぐら。衝動買いして焦ったこともあったけど、やっぱり、よいものは長持ちします。でも、付き合って30年、40年も経てば、バッグは擦り切れ、洋服にはシミができ、穴も開く。くたびれた姿に、どないしよ〜？と考えて、思い付いたのが、バッグにワッペンをぺたんぺたん。グッチもシャネルも、そうやってリメイクしました。いえ、リメイク以上でした。若者が「それ、最新の？」と聞いてきたの。私、もちろんドヤ！顔よ（笑）。

クリーニングしても取れないシミはついたまま。裾もちょっと繕うだけ。その姿で最後まで付き合いたい。人と同じで、洋服もバッグも大往生！

Fashion point

主役はバッグ。数十年前に買ったルイ・ヴィトンに、雑貨屋で買ったワッペンを貼り付けて、私だけのオリジナルに。このバッグが、帽子から靴まで白とキャメルでまとめたシックをアクティブにくずして面白くしてくれる。帽子はマニッシュ、Tシャツ（アディダス）はスポーティー、パンツはマダム風、そしてバッグのヴィトンと、セオリーをはずす、はずすのオンパレード！

Express
Motors
Sparkletts

インスタでつながる若い友だち

シニアに必要なのは、お金、友だち、趣味の三つ。でも、私くらいの年になると、そのうちどれかが欠けてくるのね。大親友はいますが、「Sちゃん、食事に行こうよ～」と誘うと「今日は、足が痛いからやめ～」とかね。電話で2時間くらい喋ることもあるんです。でも、それだけじゃ、やっぱりつまらないのね。顔を合わせて、食べて喋って、大笑いしたいの。

今は、インスタで知り合った50代、60代の若い人たちとつながっています。自分の歳に近すぎず、かといって若すぎもしない。距離感が、ちょうどいい。ご飯食べに行きたいって言うと、気持ちよく付き合ってくれますよ。そして、若い人は、情報通ね。いっぱいいいこと、面白いことを教えてくれるんですよ。だから私もお返しにちょこちょこっと教えるの。人生80年、筋金入りの悪女の知恵をね。(笑)

Fashion point

矢羽根柄のようなデザインがモダン！　でも、肩も背中も大胆に開いていて、着るにはちょっと勇気がいったワンピース（リオカ）。今夏のうちの商品です。ポイントは、くるぶしまである丈の長さ。肩も背中も出して、これで足まで見えてしまったら、シニアにはちょっとツライでしょ。だからこの長さ。肌の露出も品よく見せることが、大人ファッションのテクニック。明るいレモン色の大判スカーフ（ジョゼフ）をふんわり掛けると、少しだけ肌が透けて見え、ほら、しっくり落ち着きました。帽子、サンダル、時計はワンピースのモノトーンに合わせ、黒で統一。ペディキュアまで黒にすると、おしゃれ度アップ。

一日おきに7000歩

この1～2年で、5キロも太りました。たった5キロと言われるけれど、お気に入りのスカートは、息を全部吐いてお腹をぎゅっと締めなければ、入らないのよ。もともとよく食べるほうなんだけど、これはちょっと減量しなければと思い、2年前から始めたのがウォーキングです。

ウォーキングと言ってもね、私のは楽しさ優先です。一日おきに、近所のアーケード商店街を往復したり、大丸デパートの3階までの階段を上ったり下りたり。どちらも冷暖房付きだから、体が楽なの。お気に入りのスニーカーに履き替えて、ツッツカツッツカ歩いて、だいたい一日7000歩から1万歩です。たまに気が向いたら、夕飯後に、自宅周辺のだらだら坂を上って下りて3往復します。これで約30分。これこそ、80代の坂ですよ。ちょっと、しんどい。でも、まだまだ、頑張って歩きます。

Fashion point

若い人のスポーティーな感じ、私がやったらどうなるかな？　とトライ。こんな感じになりました。若者に人気と知らずに買った黒のワイドパンツ（アストラット）は、サイドの太いラインが足長に見せてくれる。アディダスの白Tシャツ、ホーガンの白スニーカーを合わせ、全身シャープなモノトーンに。毎日持ち歩くレスポートサックのリュックは、柄物の多い中では珍しい黒です。

言葉にうるさい男

　とにかく、言葉にうるさい男やったなぁ〜。あっ、使ってもた、ごめんなさい（笑）。広島から関西に嫁いで、私なりに関西人にならなあかんと、あえて関西弁を使うように努力しました。ところが、まだ新婚さん、いらっしゃ〜い！の頃、夫に言われたひと言が、若い私には効きました。

「お願いがあるねん、君が気を遣ってくれるその関西弁、可愛いんやけど……。あのなぁ〜のナァ、そやで〜のデ、そうやろのヤロ。僕は二十歳《はたち》をすぎた女性の、そやなあ〜、え〜やんか、行くで〜、を聞くのは嫌なんだよ」

　「そやね〜」が好きやった夫は、とにかく女性の美しい言葉遣いを耳にすると、思わず顔を見てしまうんだって。べっぴんさんじゃなくても素敵に見えるって。私は今も「ナァ〜」も「ヤロ」も遠慮なく使ってますが、ときどき思い出します、彼の言葉。

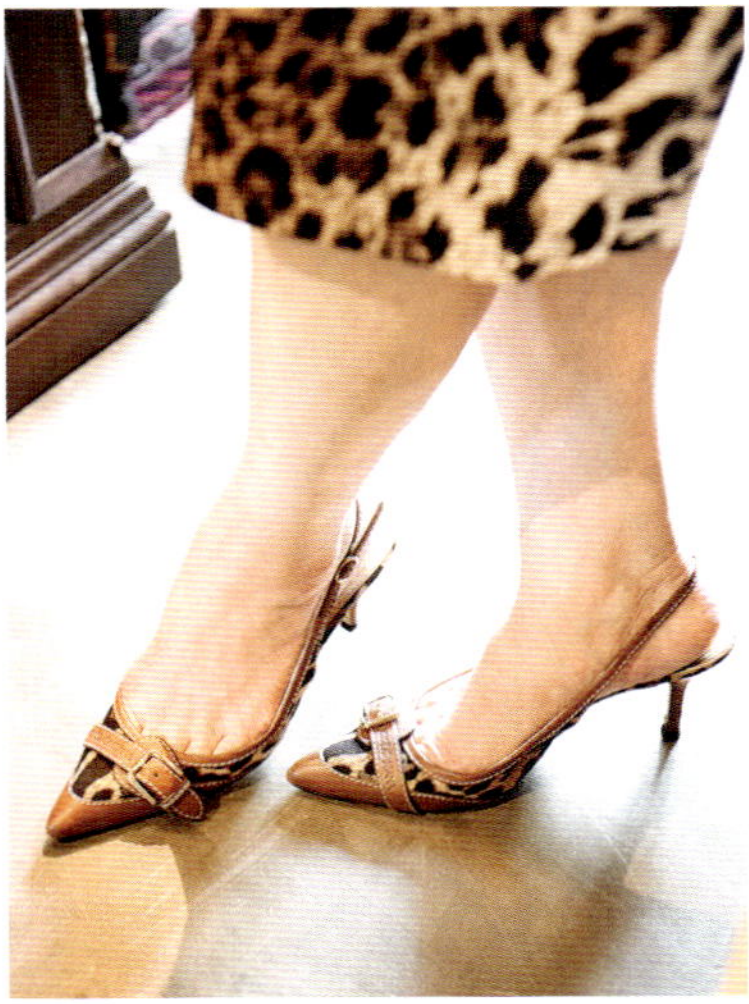

Fashion point

思わず、きれい！と目を奪われたパープルのコットンシャツ（フランク＆アイリーン）。レオパード柄のタイトスカート（ジュンコシマダ）にハイヒール（ドルチェ＆ガッバーナ）を合わせても、シャツは裾は結び、袖はまくり上げて着くずします。第3ボタンまで開けた胸元にシルバーネックレス。久しぶりに、ちょっとセクシー？（笑）。バッグは長年愛用のケリーバッグ。色は褪せ、傷もついていますが、そこが好き。

82歳よ、それが何か？

あっ、これ！と思ったら、若者向けのお店でも、迷わず入ってツカツカまっすぐ進みます。「これ、ください」。えっ？　店員さんの戸惑う顔。あなたが着るの？と顔に書いてある。でも、そんなもの全然気にしません。誰に遠慮がいりますか？着てみます。前姿は、よろし。後ろ姿は？　あらグッドじゃない！　誰に何を言われようと、私が幸せならそれでいいのだ～。

私のお店では、お客様に相談されると、これとこれはいいんじゃない？と参考程度にお勧めします。でも、お歳を召した方ほど、ご自分のスタイルがあるからね。「こんなの恥ずかしい」とおっしゃって、試着すらされないことは、しょっちゅうです。でもね、いったい誰に恥ずかしいのよ？誰も見てへんよ～。スル～やで～。好きなものを、着たいように着ればいいんちゃう？と、心の中でこっそりつぶやくの。

Fashion point

ミッキー、可愛い！ は永遠ですね。以前、お店で扱っていたブランド、デニム＆ダンガリーとディズニーとのコラボTシャツです。よくこの姿でお店に立ってました。ジーンズのワイドパンツ（レイトリー）は、ワイドタックなど随所のディテールにこだわりあり。何にでも合い、シニアもゆったり心地よく着られます。スニーカー（ホーガン）を履いて黄色の布袋をサクッと掛けて、とことんカジュアルに！

Take Out
Pancake

男の子は青って、誰が決めたん？

外国の幼稚園を訪ねたことがあります。お絵描きの時間で、びっくりするほど自由にいろんな色を使って描いていました。男の子がズボンに赤色、女の子がスカートにグリーンなんて当たり前。お母さんが、小さいうちから上手にカラフルな世界に馴染ませているのね。お父さんも普通に赤いシャツを着てるでしょ。日本では、男の子はたいてい黒や青、女の子はピンクを塗るんです。私、店で子供服を扱っているからわかります。「あなた男の子でしょ。これ着なさい」ってお母さんが青を選ぶから、子供は赤を嫌がるようになる。

私は、息子たちに真っ赤なジーンズを穿かせて育てました。小学生の頃は、からかわれてよく泣いていましたよ。ちょっと可哀想なことをしたけど、中学生になったらヘッチャラになりました。今、息子たちを見ていて、これでよかったと思っています。

Fashion point

デニムのサロペットは若い人だけのファッション？　そうよね。でも、ゆったりめで、スカートにも見えるリネン地のサロペットを見つけました。これなら、シニアだって着られます。薄くてさらっとして、着心地は抜群。遊びで肩を片方はずしてみたら、Tシャツ（レイトリー）の白が際立ち、印象が大人っぽく一変。水色のカーディガンはアクセントに引っ掛けるだけ。大きな白いバッグで、全体のバランスを取るのもポイントです。

あの日に帰りたい

台風接近の夜。さっさと来て、明け方までにはシュッと通り抜けていってちょうだいと祈ります。一人暮らしの心細さに、そんな夜はパリの思い出にふけるんです。洋服の買い付けや旅行で、幾度となく訪れたパリ。一人ぶらぶらしながらウインドーショッピングをしたり、大好きなマレ地区ではバスに乗って、窓から街行く人たちを見てカッコいいなあと浮かれていたら、あっという間に下車させられたり。街角のバールでは、おじさんたちとワインを飲みながら陽気に歌って、私の「アンコ椿は恋の花」で大盛り上がり。あ～、懐かしいなあ。

夫はニューヨークが大好きでした。パリでは英語がしゃべれないから苦手だって。でも私はやっぱりパリ！　お～い、息子殿。私にファーストクラスの切符を買《こ》うてえな～。あっ、もう体がついていけないかな。シュ～ン、だわ。

Fashion point

初めてのグリーンパンツ。レーヨン素材で光沢があり、トロンとした落ち感が魅力。脚をすらりと見せてくれます。黒Tシャツを合わせましたが、ポイントは色バランス。ウエストラインまでに黒を抑えると、足長に。靴はTシャツと合わせて黒のビットローファー（グッチ）。金具に合わせ、ブレスレットもゴールド。徹底してシンプルにまとめたけれど、華やかさはあるでしょう？

Afterdark
HOP
SMITH
anna magazine

マニッシュの条件

レディースは好きじゃない。優しい感じで着たくない。マニッシュが、私のスタイル。カッコいい、が私にとっての最高の褒め言葉。

私のマニッシュスタイルは、白シャツにチノパン、スニーカーが基本です。冬なら、これにバーバリーのコート。何気に着るのがマニッシュなんだけど、じゃあ、「何気に」ってなによ？　そう聞かれると、私も悩む（笑）。そもそも服を選ぶとき、甘さのある服は選びません。白シャツはリネンで襟の形がよいシンプルなもの。チノパンは、メンズを買って丈ツメします。着こなしのテクニックは、ただ無造作に襟元を開け、ラフに袖をまくり、パンツの裾を二つ折りにするのみ。で、実はここからがおしゃれのツボ。女性らしさをどこかで表現するの。首元にスカーフを巻いたり、アクセサリーをジャラジャラつけたり。マニッシュが光るのは、女らしさを添えてこそ。

Fashion point

リネンの白シャツ、ベージュのチノパン、白のスニーカー（ホーガン）でよく出掛けます。チノパン(オーシバル)はメンズを丈ツメ。ゆる感がいい。このまま着たのでは、オジサンなので（笑）、胸元を第3ボタンまで開けて、シルバーのネックレス、髪はくるくると巻いてアップにし、べっ甲のバレッタで留めて女らしさをさりげなくプラス。黒のリュック（レスポートサック）は形がよくてクタッとした感じが気に入っている。どんなファッションにも合うので、登場回数が多いの。

hananokiの話

子供服の店、hananokiを始めたのは、45年前のこと。私は37歳でした。当時は「花の木」と書きました。夫が、ふと口にした名前です。それ、可愛いね！と、すぐに決まりました。

店を構えたのは、旧居留地の5坪ほどの店舗の2階でした。最初、地元神戸のメーカーに、洋服を卸して欲しいとお願いしました。ところが、店の広さが5坪と聞いて、にべもなく断られた。悔しくて、涙が出ましたよ。でも、私は根っからの負けず嫌いです。よし、絶対にやったろ！関西のものなんか、もういらん！　それ以来、扱う洋服は関東のものばかり。コムサ・デ・モード、シャーリーテンプル、ハッカ……。ブランドを総なめするくらい仕入れて、噂を聞きつけたお客様が、京阪神から大勢おいでくださった。おかげで、店は4店舗に増え、デパートに出店するまでになったのです。

ところが同じ頃、うちと同じブランド服を売る店が続々と出てきました。もう、面白くありません。人と違ったことがしたくなる。そこで、目を向けたのが海外です。ロサンゼルスに留学中の息子の案内で、アメリカの子供服を見て回ったのですが、どれもこれも、口笛を吹きたくなるような服ばかり！　ラルフ・ローレン、リーバイス、ナイキ。日本にはまだ輸入されていないブランドを買い付けて店に並べると、飛ぶように売れていきました。パリやフィレンツェの展示会へも年に2回足を運ぶようになり、hananokiの店内は、海外の可愛い洋服や靴が溢れ返って、それはそれはカラフルでした。一番よかった時代です。

店を始めたばかりの頃の話です。土砂降りの日

hananokiの店で。白とベージュのコーデでスッキリ。くるぶし丈のギャザースカート（アクネ ストゥディオズ）はお気に入り。

でした。階段をコトコト上がってくる足音が聞こえました。六甲山に住むおばあさんでした。「あれ、こんな日にどうしたんですか?」「暇で泣いとるんちゃうかと思ってな」。見ると、おばあさんは背中に野菜を背負っています。自分で育てた野菜だと言います。「あんたに食べさせとうて」。私は、大声で泣きました。そういうお客様の人情に、慰められた日々があったんです。

店をやっていると、逆の場合もあります。子連れの若いお母さんが、お姑さんの愚痴をこぼしていく。反対に、孫を連れたお姑さんがお嫁さんの相談をして帰る。女の悩みもありました。聞いたろ、聞いたろと、耳を傾けたことは数知れません。少しは、お役に立てたかな〜と思います。

今、hananokiは間口一間ほどの小さな店になりました。子どもさんが成長してお母さんになり、お母さんはおばあちゃんに。だから、大人の女性服も置いています。hananokiで、服を介して、助けられたり助けたりと、人の人生に触れる日々。まだもう少し、続けます。

オッパイ見えるか？　見えないか？

どうしてもっていうこだわり、ありませんか？　私は、シャツのボタンの位置なのね。第1ボタンから第3ボタンまでが、14センチ開いていること。手を開いて測ると、ほぼ親指から中指までの開きです。これはもう、絶対譲れない。どんなに素敵なシャツでも、14センチ（せめて13センチ）なければアウトです。なぜなら、シャツは第3ボタンまで開けるのが一番カッコいい。シャツを色っぽく着て、女子感を出すの。

40代の頃、シャツを取っ替え引っ替え着て、気づきました。私は「14センチの法則」と呼んでますが、オッパイ見えるか？　見えないか？　そのくらい胸元を開けると、首が長く、顎のラインがシャープに見える。そのぶん、シミ、シワ、タルミは隠せませんが（笑）、アクセサリーをジャラジャラつけて、ノープロブレム！　82歳も、胸元で〝オンナのコ〟するんです。

Fashion point

カーキ色に惹かれて買ったイタリア製のスプリングコート（アルバム ディ ファミリア）。ウエストで緩く縛って前を開け、ブラウジングして着ると動きが出て面白い。カーキ色と白シャツ＆ブルージーンズの色合わせは、大人の洗練トリコロール。胸元は大きく開けたままでは殺風景なので、シルバーのネックレス、クロスなどにぎやかにつけて、女っぽく。黒のリュックはレスポートサック。足元はコンバース。

拾っとくわ〜、かまへん、かまへん

眞由美の結婚前夜の話です。彼と二度目のデートのとき。夕食の後、神戸の山手をいい気分で散歩してたんです。何かの話題で大笑いして、そのとき「ブッ！」ってオナラの音が。彼じゃなくて私なの。もう顔から火が出るようで、ごめんなさいを繰り返してたら、彼がひと言「うん？ 拾っとくわ〜。かまへんよ」。私はもうアカンと落胆して、夜行列車で広島へ帰り、母に事の次第を報告しました。すると、母いわく「その人とすぐ結婚しなさい」。翌日、母は電光石火で彼に電話し、「眞由美をもらっていただけませんか？」と仰天の逆プロポーズ。答えは、「僕でよかったら」。

母は、オナラを拾ってくれる人なら、一生拾い続けてくれるだろうと思ったのね。私は、母にせき立てられて結婚を急ぎ、その後、母が独りの寂しさに泣き暮らした日々があったことを、母が認知症になった後に知りました。

Fashion point

スカート丈がずるっと長い。私の好みです。そんな長いの、よく穿けるわねって言われるけど、スカートに穿かれているわけじゃない。勢いで自分らしく着るのがモットー。この黒のスカート（ドゥルカマラ）もそんな１枚。ボリュームがあっても、すとんと落ちて足さばきがいい。前は無地、後ろはストライプと生地違いなのもおしゃれ。白シャツは、ふわっと羽織ってウエストカバー（笑）。マニッシュな革の紐靴（パスクッチ）で、バランスを取ります。アクセサリーはシルバーでシャープに。

スクリーンの女神たち

高校時代、夢中になったジェームス・ディーン。あのすねた感じ、切ない雰囲気。大好きでした。大学時代は、ジーン・セバーグ。「勝手にしやがれ」で見せた彼女のボーイッシュな魅力は、私のボーダー愛に火をつけ、それから洋画にハマっていった。とくに女優たちは、憧れの的。グレース・ケリーの高貴な美しさ。ジャンヌ・モローの大人の女性の表情美。魅せられたのは、「風と共に去りぬ」のビビアン・リーの男を歯牙にも掛けない気の強さ。私もあんな風だった。お茶に誘われても、ふん、イヤよ！って（笑）。

浴びるように洋画を観るなかで、スクリーンを彩る彼女たちのセリフや仕草、雰囲気、ファッションに影響されました。いい洋服を着るのが、ファッショナブルなんじゃない。着こなしやポージングで決まるんだ、堂々と着てこそサマになるのと教えてくれたのは、スクリーンの女神たち。

Fashion point

ボーダーシャツは、いくつになっても大好き。気に入ると、赤や黒の色違いを揃えます。白と青のボーダーシャツ（オーシバル）は私の定番。胸から腕にかけての抜け感のある白さが、顔映りを明るくしてくれます。髪はゴムで留めて帽子をかぶり、小さくまとめて。帽子と同じトーンの白のパンツ、ニューバランスのスニーカーでスポーティーに。左のインスタ写真では、紺のスウェットパンツ。比べてみると、太ったわ〜、私。

黒は手ごわい

若い頃、カラスと呼ばれるくらい黒ずくめの時代がありました。今は色を楽しみたくて、黒を着る頻度は減りました。でも、着るとやっぱり「黒って、難しい」と思います。ごまかしがきかない。着方によっては野暮ったくなったり、とくにシニアは老けて見えたりするから。黒でいいや〜って安心しきって着るとダメなのね。また、気軽に色を加えてしまうと邪魔するばかりで、品がない。だから、私は黒を着るとき、どうやってカッコよく着てやろうかと鏡の前でいろいろ試します。攻める黒か、安心の黒か。出来栄えは、その気持ち次第。本来、黒は華やかな色。透明感があるすっとした美人さんは、化粧をしなくても黒が映える。抜群にきれい。フランス人がそうでしょ。私にその芸当はないけど、黒が映える方法は、最後にダークな赤の口紅をキュッと引く。黒のおしゃれは、これで完成。

Fashion point

たまに、コム・デ・ギャルソンなどを思い出して、やってみたくなるブラックファッション。半袖のすとんとしたワンピース（アウアー）に、麻＆綿のロングジャケット（アウアー）をパサっと羽織って、足元は黒タイツ＆黒の靴（パスクッチ）。もちろん、バングルもメガネも黒。今日は、歳を忘れてハードに攻める黒コーデです（笑）。ポイントは、ベルト遣い。ずっと昔、腰ベルトが流行っていた頃に、フィレンツェの革製品の小さなお店で買ったものですが、これが意外と使えるの。腰骨あたりにつけてワンピースをブラウジング。単調になりがちな黒のワントーンに、シャープなアクセントをつけてくれます。

衝動買いはしょっちゅう

これまで、高齢者向けの店で買ったことはありません。若い人たちも着るファッションで、ウエストが入るものを買うのよ。最近は、私が店を構えている三宮界隈で。歩いていて、あ、これ！って出くわすの。迷わず買います。後悔もしない。若いときは、えらいことをしてしまったって焦ることもあったけど、この歳になると自分のことがよくわかっているから、怖くないのね。パッと買って、手持ちの洋服にパパッと合わせる。

行きつけの店もあって、面白いものが入ったらショップの若い女の子が声をかけてくれます。勧め上手で、それでまた買っちゃうこともある。おしゃれの3原則、「はずす、くずす、色で遊ぶ」の知恵を使えば、どんなコーデもバッチリです。ただ、ハイブランドはもう買いません。いま買っても、10年着ないとソンでしょ？　私は、そこまで生きていないですから（笑）。

Fashion point

タンスの奥に発見した赤のパンツ（マッキントッシュフィロソフィー）。久しぶりに着てみようと、合わせたのがベージュ、白、赤のトリコロール。バーバリーのコートは袖をたくし上げて裏地のストライプをアクセントに。白シャツは胸元を開けてコートの襟と一緒に立てて、スッキリ。ストラップが赤いバッグは、３年前に衝動買いしたグッチ。手首のブレスレットは、真紅の糸玉ネックレスをぐるぐる巻きにしてみました。アクセサリーは工夫次第でいろんな使い方ができるのよ。

BROCANTE

シニアのジーンズは、ワイドでいこう！

ジーンズほど人の雰囲気を選び、体型に制約され、着こなしが難しいものはないですね。これ、ジーンズ半世紀キャリアの私の実感です。

高校時代、故郷の呉でアメリカ文化に触れて育った私は、ジーンズを先取りしてました。当時は、ジーンズにシャツをインして着てた（アハハ！）。あれから、60年。ベルボトムにスリム、古着ブームを経て、今は伸縮性の高いストレッチジーンズ。これは、本当に穿きやすくて重宝なんだけど、シニアが着こなすには、大問題あり。前のでっぱり、後ろのでっぱり、ジーンズは嫌がります。体型がもう合わない。ここを心得ておくべきなんです。でも、シニアがカッコよく着られるジーンズがある。だぼだぼのワイドパンツ。でっぱりが目立たない。着てて、ラクチン。しかも、なんとか（笑）サマになる。私は若い！の心意気で着てみましょう。

Fashion point

セーターをワイドジーンズ（レイトリー）のスカイブルーに色合わせ。コバルトブルーのマフラーをぐるぐる巻きつけてボリュームを出すと、若々しい印象に。黒の３つのアイテム（大きいカゴ、濃いサングラス、重量感のある紐靴）がアクセント。ワイドジーンズは裾をふた折りすること。裾に入っている希少な赤耳（赤いステッチ）を見せるのが私のこだわり！

60代からのグレイヘア

この髪型にして、もう10年くらい。50代の終わりから白髪が増えていって、気にしながらも、そのままにしておいたの。最終的に夫に聞きました。「染めるのは嫌やから、このまま放っておいてもいいかな～」って。そうしたら、「いいんちゃう?」って。気持ちがものすごく楽になりました。それに、グレイヘアならどんな色でも合ってくる。おしゃれの幅が広がるわね。

私は丸顔だから、額を出して前にボリュームを持たせるの。小さいポニーテールほどの長さがあれば、私の髪型はできます。後ろは、ぐりぐり巻いてクリップで留め、前髪は少しとって逆毛を立てて頭頂部で束ね、ヘアピンで留めます。昔は、いろんな髪型にチャレンジしました。金髪も、流行り始めにやったのよ。コム・デ・ギャルソンやヨージヤマモトを着ていた頃は、バリバリのソバージュ。40代は、トガっていたわね。

Fashion point

あなたの色は何色？ と聞かれたら、キャメルと答えます。このコーデも、基本はキャメル。インナーのセーター（ジュンコシマダ）とハイヒール（ドルチェ＆ガッバーナ）をレオパード柄で合わせ、カーディガンとパンツで全体をシックに。イヤリングと指輪を黒で色合わせし、さりげなくおしゃれに。バッグは、実はルイ・ヴィトン。裏がカッコいいので、裏返して使っている。ちらっと、表のモノグラム柄が見えるのがいいの（笑）。

ARTICLES DE
VOYAGE
Louis Vuitton
101, CHAMPS ELYSEES
PARIS

夫婦でアルマーニが好きやった

もう30年以上前になるかなあ？　アルマーニが神戸大丸に上陸したとき、飛びつくように買ったのが赤いウールのコート。今の私にしたら丈も短いほうだけど、そこは、さすがのアルマーニ。古びません。この艶《あで》やかな赤をどう着こなしてやろうかと、ワクワクします。でも、いかにもアルマーニを着てるのよ、っていうのは嫌だから、カジュアルなシャツやジーンズではずします。ハイブランドは、力を抜いて着るのがよし。

夫もアルマーニが好きやった。普段はおしゃれに関心のない人なのに、彼のために買ってあげたら、鏡の前でポーズして「なかなかイケるんちゃう？」ってまんざらでもなさそうで（笑）。それ以来、ツイードのジャケットにジーンズを合わせたり、茶色のロングコートも気に入ってずいぶん長く着ました。二人でアルマーニを着て、ニューヨークを歩いた日々。遠くなりましたね。

Fashion point

50歳の頃に買ったジョルジオ アルマーニ。若い頃より、グレイヘアに映える朱赤がおしゃれ心をそそります。イラストTシャツとジーンズをサクッと着て、袖をたくし上げ、いかにもアルマーニという感じをはずすのがポイント。靴はパラブーツ。ピンクのマフラー（エルメス）は、カシミヤで肌触りが抜群。

シンプル、すとん

シンプルにすとんと着るのが好き。ふうっと力を抜いて自然体。でも、少し間違えると、「シンプル」は地味すぎ、「すとん」はだらしなくなってしまうのね。そうなると、ただのオバサンやわ（笑）。

　私にとってのシンプルは、まず素材選びに始まります。上質なリネンは時間とともに風合いが出てくるし、弾力のあるウールは型崩れしにくい。素材第一で選べば、デザインはついてくる。品がよくてシンプルです。ただし、そういう服は大抵ハイブランドに多くて、いかにもブランドを着ましたっていう感じになりやすい。それ、カッコ悪いでしょ。シワや汚れもなんのその、と気にせずに、着くずし、はずして、すとんと力まず着るのがいい。でね、「シンプル、すとん」のカッコよさは、最後は姿勢で決まるのよ。腰が落ちていると、たちまちオバサンに早変わり。胸張っていきましょう！

Fashion point

Vネックセーター（アクネ　ストゥディオズ）は、開きの大きなネックを生かしたいから、ノーアクセサリー。ザックリ感が体のラインをカバーしてくれるのは嬉しいけれど、それ以上にカッコよく着たい。ボトムは白のスウェットパンツ（エヴァム　エヴァ）、セーターの片端をウエストにはさんでバランスをくずし、白のスニーカーで足長に見せる。セーターと同系色のキャップをかぶると頭が小さく見えます。ちなみに、私はキャップのつばの長さにはこだわるの。目深にかぶるには、7センチは必要ね。左はインスタに上げた写真。同じセーターでも、こんなコーデなら女っぽい。

子どもは、お洋服で育てましょう

私は、お洋服で子どもを育てました。私の母がそうだった。「私はわたし」という性格は、母がお洋服で育ててくれたのだと思っています。今は、親が育てているんじゃない。子どもが勝手に育っているの。洋服なんて、そのへんのものを着せとけって。どうせ汗かくし、すぐ大きくなるし、500円でジーンズも買えるやんって。きちんと親に育てられている子はひと握り。

育てている人は、ジーンズの裾一つにもこだわります。うちにもそんなお客様がいます。お父さんがあれこれ言って色落ちしたジーンズなんかを選ぶのを、息子さんがそばでじっと見て、聞いていました。大人になった彼は、とってもおしゃれ。両親がセンス良く育てました。お勉強で育てるより、服で育てる方が素晴らしい男の子に育つものよ。なぜって、洋服には、自分の魅力を発見できる力があるんだから。

Fashion point

パープルシャツには何色を？ 店員さんは黒とか白を勧めたけれど、う〜ん……。散々迷って、キャメルを選びました。ライダースジャケット（ジョルジオ ブラット）は、最近買ったもの。手触りが滑らかで、クタット感が体に吸い付くよう。薄手でやわらかいシャツ（フランク&アイリーン）との相性もよく、袖口をジャケットから出してたくし上げて、アクセントに。パンツもベージュで合わせ、靴はグッチの茶色のローファーで。どうでしょう？ この色のアンサンブル！

引

82歳の心境。いろんなことが、めんどうやわ

50代~60代は若いです。だって、すぐ怒るでしょ。あれは、若い証拠ですよ。ハートが若い。この歳になったら、もういろんなことがめんどくさいの。喧嘩するのも、きゃあきゃあと騒ぐのも。無責任だけど、もう、好きにしてよ~って。たとえば服選びでも、何色がいい？　どうしよう？って迷うのね、若い人は。若いから迷うし、迷うから腹が立つのよ。

歳をとると、めんどくさいことにはガードを張ります。この人はちょっとと思ったら、自分なりにガードを少しずつ張っていくの。だって、気を張ってお付き合いするのは、しんどいもの。自分と同じような人とであれば、ガードは必要ないけどね。若い人とのつながりも、近すぎないようにゆる~く。一緒にいても、わっはは、わっははと笑って、そやね、そやな~って相づちを打つ。そのくらい軽い方がいいわね。

Fashion point

久しぶりにトラッドスタイル。ネイビーのセーターにストライプのシャツの襟を出してくしゃっとさせ、ベージュのパンツ、黒の革靴（パスクッチ）。なんとなく落ち着きます。ポイントは黒のベレー帽。靴の色に合わせました。スタンダードを少しはずすアイテムがメガネです。テンプル（つる）が迷彩柄。しかも、左右の大きさが違うの。顔の表情が違って見えるみたい。

ジーンズ＆スニーカーで、パーティーへ

黒の装いで、結婚式やあらたまったパーティーに出席する機会は少なくなりましたが、久しぶりに着ると、気分がパ～ッと華やぎますね。黒はもともとゴージャスな色。黒が美しい上質なフォーマルドレスとバッグ、靴、そして真珠のネックレスをひと揃い持っていると、どんなパーティーにも堂々と着て行けます。心強い。

でも、私も若い頃はちょっと違いました。パーティーにはよく行きました。ある年のファッション関係者が集まるクリスマス。競い合うようにドレスアップした人たちに交じり、私はと言えば、白シャツ、ジーンズ、スニーカー、首には真珠のネックレス、腕にはバーンとシャネルのバッグです。受付で、えっ？という顔をされたけど、ヘッチャラよ。パーティーでパーティーらしいファッションなんてつまらない。はずしたファッションであればこそ！　今も同じ私の流儀です。

Fashion point

パーティーの黒の装いでは、なんと言っても真珠が主役。ロングネックレス、イヤリングはシャネルのお揃いで、真珠には宝石があしらわれている。ドレスは、昔フランスで見つけたもの。エレガントでキュート、こんなドレスが1着あると重宝するかも、と思って買いました。ショールとバッグもシャネル。ブランドを揃えると、コーディネートしやすいですね。

夫の実家である料亭で使われていた器。後生大事に持っていても、割れてしまっては意味がないと、阪神・淡路大震災で実感しました。それ以来、普段使いに下ろしました。夫は、よく、自分で作った料理をこの器にきれいに盛って出してくれたものです。中央(藍色)は、250年前の祥瑞(しょんずい)の湯呑み。

私の暮らし

新婚時代に買ったイギリスのアンティークキャビネット。キャビネットの上には、夫や息子家族たちの写真を並べています。「おはよう!」「行ってきま〜す」「帰ったよ〜」と声をかけるのが毎日の習慣。引き出しには、アクセサリーを並べて収納。上から見てすぐ取り出せます。アール・デコ調のライトスタンドもイギリスのアンティーク。

約100年前の雛飾り。夫の実家から譲り受けた木目込み人形。義母が「あなたは男の子ばかりだから」と言って、くれたお雛様です。戦争前夜の厳しい時代に、特注で作ってもらったと聞いています。さすがに傷んでいるところもあるけど、本当に可愛く作られていて、見ていると笑顔になります。私も永遠の乙女やわ～。

スチールラックに、上から帽子、スカーフやストール、カゴ、靴（普段はあまり履かないもの）を順に収めています。洋服は全部、ベッドルームの両サイドにハンガーポールを置いて、春夏秋冬、色別にしてかけています。Tシャツもたたんでタンスに入れるなんてしません。出して見せておくと、季節に限らず、コーディネートは自由自在。さっと見て、パッと決められるでしょ。靴も玄関いっぱいに出しています。靴箱に入れてしまったら、わからなくなるし、忘れちゃうから。

直径40㎝ほどの中国の骨董大皿。お正月など息子家族たちが大集合するとき、コロッケと千切りキャベツを大盛りにして出したり、ロールキャベツを並べたり、水炊きの材料を盛ったりと大活躍。今では、集まる機会がめっきり減って、ちょっと寂しいわね。

18歳、大学1年生の頃。おしゃれに邁進！　渋谷あたりを歩いていたら、よく男子学生に声をかけられました。ポージングはこの頃から得意です！

右ページ／夫がいる頃から、朝食は私の担当。夫はフランスパンが好きで、サラミが添えてあればOK。ただ、十数年前、夫が健康を害してからは、毎朝特製ジュースを作るのが日課になりました。ジュースは10種類の素材〈りんご、バナナ、パセリ、クレソン、黒酢、玉ねぎ、ヨーグルト、はちみつ、牛乳、豆乳〉をミキシングしたもの。これに、パンとゆで卵を加えた3点セット。栄養満点です。ジュースを作らない日は、パン、サラダとハムやウインナー、ヨーグルト、コーヒー。
白Tシャツに、大のお気に入りのカシミヤのカーディガン（マルニ）。袖口が、左が白、右がピンクと色違いなのがおしゃれでしょ？

何歳だったのかしら？友だちがうまく撮ってくれたおかげで、ちょっと足長に見える？（笑）。小さい頃から体を使うのが好き。バレエ、モダンダンスを習い、高校卒業後は日本女子体育大学へ。体操をやっていました。

上／私が夫におしゃれを仕込みました。しばらくは、服を着るたびに、「ベルトはこれでええやろか」「靴下はこれでええやろか」って聞いてました。写真は、一緒にニューヨークへ行ったとき。アルマーニがお気に入りで、このコートは30年以上愛用してました。板についてるでしょ！
下／夫とよくニューヨークへ行きました。人混みの雑踏をただ一緒に歩いているだけで、楽しかった。私が、ひと目惚れした洋服やバッグを買ってくれたこともありました。でも、夫は、本当はスタンダードな服装が好きやったんです。私が花火みたいにいろいろ着るから、付き合ってくれましたけどね。「今日は、えらいにぎやかでんな〜。どこ行きまんねん、お母ちゃん」って。今でも聞こえてきそうです。

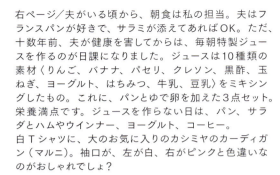

シックということ

シックね、と褒められます。シックって、上品で粋っていうこと？　そうかなあ。それなら、私のシックは人の考えるシックとはちょっとずれているかもしれません。「私のシック」について考えてみました。

基本はスタンダードなんです。キャメル色のコートとか白い麻のシャツとか、エルメスのシンプルなパンツとか。そういう定番がベースにあって、そこからくずして、はずして、離れていく。二つ目は、色合わせ。あれこれ色を取り混ぜるような花火色は禁物。主役の色を決めて、３色以上は使わない。全体の色のバランスも大事で、赤などの強い色を主役にしたら、ほかの色はほんの少しでいいんです。三つ目は、アクセサリー。まずは、好きにつけてみて、そこから引き算、足し算をしていきます。これがベスト、というところに行き着いたら、そこが「私のシック」なんです。

Fashion point

このグレーのロングカーディガン（ビューティー＆ユース）はフォルムがシンプル、グレイヘアとも合って、背が高く見えません？さらに、セーターとパンツも同系のベージュで揃えると、縦長効果がアップ。襟元にスカーフをのぞかせ、単調さをカバーします。ルイ・ヴィトンのバッグは45年前のもの。角に穴が開いたので、さよならしようと思ってたけど、インスタで知り合ったプロのバッグ屋さんが、センスよく小振りにリメイクしてくださいました！

おしゃれの仕上げ、靴とバッグ

おしゃれをシュッと仕上げるのは、靴とバッグ。なるほど、そのとおり。キャメルのコートにこげ茶のケリーバッグを持つか、迷彩柄のショルダーバッグを肩から掛けるかで全然印象が変わります。私流で言えば、常識をはずせるアイテムが、靴とバッグなんですね。

でも、逆もあるの。この靴を履きたい。あのバッグを持ちたい。ここから、洋服を決めることもあります。たとえば、イタリアでグッチの黄色い靴を買いました。夫に「そんな派手な靴、何に合わせるねん？」って言われたけど、「日本にないから」って、ひとまずゲット。夏がきたら、麻の白いワンピースに合わせよう。ジーンズだってイケるよね。靴から服のイメージが膨らんで、気分がウキウキ。シニアこそ、足元くらい明るく楽しくしたらいい。黒や白や茶色から離れて、色を楽しむ。若い人に負けたら、アカン。

Fashion point

面白い！と思って買った迷彩柄のバッグが主役。迷彩色に合わせて同系の色をチョイス。キャメル色のロングコート、水色のマフラーとジーンズ、そして靴下も水色に。こげ茶の紐靴（トッズ）がロングコートの重さを受け止めてくれます。このコートは30年前にニューヨークで買った大のお気に入り。こういうのを1着持っていると、カジュアルからトラッドまで幅広く使えて便利。よう着てるわ～（笑）。

最後の「すまん」

4年前、夫は最後に「すまん」と言い残して静かに逝きました。いまだに、わからない「すまん」の3文字。でも、そのとき私は冗談めかして言ったのよ。「あんた〜、何がすまんの？ 外に女でもおったんか〜」って。成仏してほしくないがゆえに、大声で。

とにかく、静かな男でした。10年前、体調を崩したとき、検査から帰ってきて「僕、癌らしいわぁ」とひと言ポツリ。慌てることも騒ぐこともなく、私一人が大騒ぎ。どないしょ〜、余命わずかやん。思い出をいっぱい作らねばと、入退院を繰り返すなか、頑張って、頑張って二人で行きました。ニューヨーク、パリ、イタリアへ。知らなかったけど、この間に、自分が逝ったあとも、私が困らないようにと暮らしの手当てもしてくれていたの。ハートが男前で、優しくて、大好きだった夫。会いたいです。

Fashion point

バーバリーのコートをそのカッコよさだけで着てみたいと思うの。それが、コートの黒ボタンに合わせた、Tシャツ、パンツ、ストール、リュックすべてブラックのコーデ。シンプルをとことん極めた大人のスタイルです。コートは袖を折り上げて裏地を見せると、それがアクセントに。黒いナイキのエアマックスの白が、鮮やかな差し色に。

美意識のこだわりは、母からもらった

母は、地方にいながらも、戦後すぐ上海からハイヒールを取り寄せて履くような人でした。もののない時代でしたから、自分のビロードの肩掛けを私のスカーフに仕立て直したり、こたつ掛けも、着物をほどいて切ってパッチワークして作ったり。人から笑われようと、ヘッチャラ。当時は変わった人だと思っていたけど、自分の個性をよく知って表現できる美意識の高い人だったのね。着物の半襟にこだわったり、下駄の鼻緒も自分で作って左右の色を変えたりして、それはもうカッコよかったです。

そんな母に育てられたから、私も自然とおしゃれが好きになりました。でも、本やモデルをことさら参考にしたこともなければ、年齢や常識で洋服を選んだこともありません。自分が着たいものを、楽しく自分流に着る。母譲りのおしゃれのスピリッツ、今も健在です。

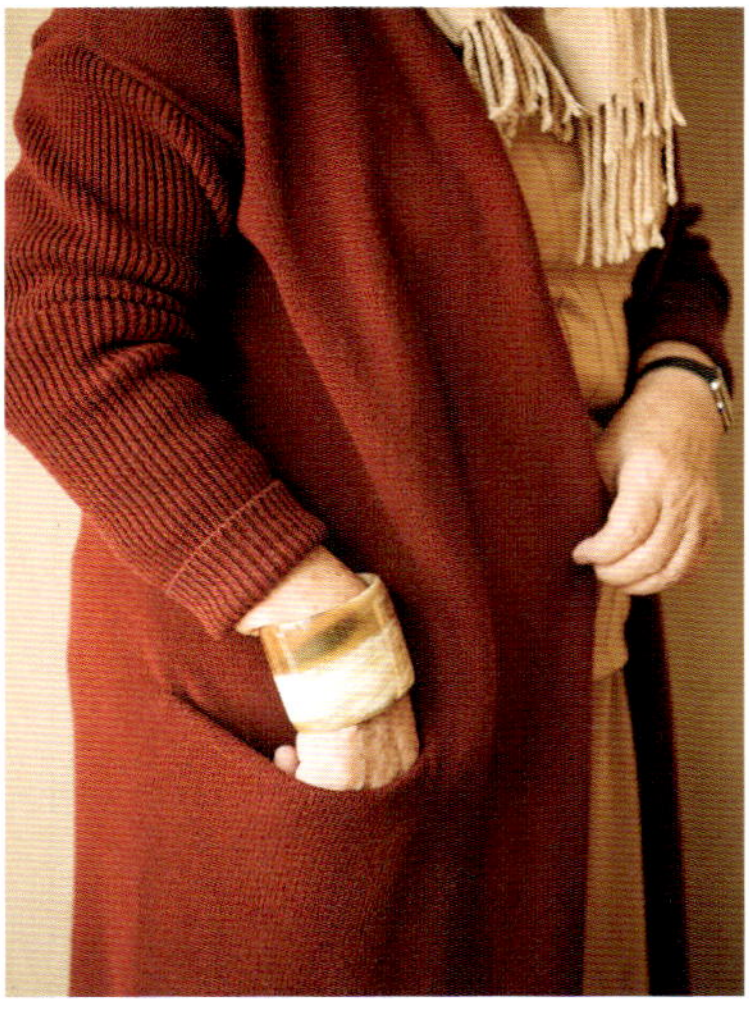

Fashion point

ロンハーマンで、視線の先にとらえた深いえんじ色。欲しい！と思って一直線に向かったら、袖が素敵なリブ編みで、二度惚れ。こんなロングカーディガンは滅多にお目にかかれません。このえんじ色が映えるのは、やはりキャメル。V ネックセーターにパンツ、マフラーからバングルまでキャメルで合わせ、リュックと靴の黒を差し色に。シンプルでシック、すらっとして見えませんか？

ニャ〜って鳴く猫が欲しい

以前は、犬を飼っていました。夫が亡くなって、相次ぐようにペットも次々と逝っちゃって。一人は寂しいから、また飼いたいなと思うけど、ペットを残しては逝けないでしょ。ペットショップの人は、奥さんがいなくなっても後を頼めるところはいくらでもありますよ、と言うけどね。ペットは私と一緒に時間を過ごし、私の匂いを吸って生きてきたのに、いきなり見ず知らずのQ子さんのところへ行けますか？　私がペットだったら、「勘弁してください」ですよ。

本当は今、膝に乗ってくる猫が欲しいの。ボソボソっと独り言だけが響く生活に、おはようとか、寒いねえとか、何かしら話しかければ「ニャ〜」って答えてくれるでしょ。シッポを振ってもくれるでしょ。楽しいだろうなあ。でも、我慢です。一人の暮らしを続けます。

Fashion point

滅多にお目にかかれない大振りの格子柄のロングコート（アクネ ストゥディオズ）。どこか懐かしい落ち着いた色遣いがきれい、襟も可愛い。冬の楽しみが増えました。インナーもストールもバッグ（シャネル）も、格子の色から選んで色合わせ。多少大きくてもそのまま袖を折って、バサッと羽織るように着るのが好きです。トラッドなこげ茶色の革靴（トッズ）が、全体の色調のまとめ役。

キャメルのロングコートに目覚める

袖や裏地が擦り切れるほど、長く着込んだキャメル色のロングコート。30年前、初めて行ったニューヨークで夫が買ってくれた思い出の1着です。当時、日本ではミドル丈しかありませんでしたが、ニューヨークでは目に付く人はみな、ブロンドヘアにキャメル色のロングコート。カッコいい！　衝撃を受け、「あのコート、絶対手に入れたい」ってつぶやいていたら、夫が「買ったら？」って。マンハッタンの有名デパートにすぐ走りました。Sサイズでも私には大きくて、くるぶしから測ったら、10センチのところに裾がくる。いいじゃない！　この瞬間、私はロングコートに目覚めたの。日本に帰ると、すぐ茶髪に。流行前です。

その後、買い付けでパリに行くようになって。フランス人も背は高くないのにロングコートを着ていました。それでいいんだ、と、私は今もずるっとロングを着ているの。

Fashion point

全体をネイビー＆ブラウンでシックに。キャメル色のロングコート（シンシアロッカ）の下はネイビーのセーター、ベージュのパンツ。ベレー帽はセーターと同じネイビー。胸元にエルメスのスカーフを巻いて華やかさをプラス。バッグはエルメス。ストラップがはずせるタイプで、フランスで替えのストラップを何色か購入。ケリーバッグにも付けられるので重宝しています。

夕暮れどきは、こたえます

毎日が孤独です。私の知り合いの中には、一人になってせいせいしたと言う人もいます。でも、私はやっぱり寂しいの。一人になると、生活の音がしなくなるでしょ。コトン、という音もしない。お〜い、っていう声も聞こえてこない。とくに、夕暮れどきはこたえます。夫が逝った当初は、ほとんどものが喉を通らなくなって、あんまり泣くのでご飯がしょっぱくなりました。夕飯どきは、今でも、ときどき辛くなるの。だから、テレビはつけっぱなし。お笑い番組をかけて、笑いながら食べてるの。

友人が言いました。「24時間全部あなたの時間なのだから、あなた自身のものにしなきゃ。自由じゃないの」って。そうかなあ、と思って、今変身中。でも、ご夫婦で歩いているのを見ると、やっぱり、いいなあって。いずれ、夫にはあっちで会えるんだからと、自分を納得させています。

Fashion point

あったかムートン（エブール）。弾力があって肌触りがいい、冬最強のコートです。光沢のあるグレーは、黒、黄色、赤、何色でもいらっしゃ〜い。今回は上下のシャツ&パンツ、スニーカー（プラダ）ともにオールホワイトでまとめ、パープルのカシミヤストールをぐるぐる巻いて雰囲気作り。白いパンツはエヴァム エヴァ。タオル地のトロンとした生地でお腹回りも余裕のよっちゃん（笑）。

「ごめんねえ、ありがとう」

夫が亡くなって、息子たちに対する言葉が変わってきました。「ごめんねえ、ありがとう」に。以前は、ごめんね、なんて、息子に言ったことはないですよ。でも最近は、息子たちに、「ご飯食べに行く？」って言われたら、「わぁ、ごめんねえ、ありがとう」。どんなときも、口を突いて出てきます。優しくしてくれるほど、そうなります。夫婦の片方が亡くなると、自然にそうなっちゃうのかな。ペットの犬と同じです。

夫がいたときは、犬は私にとてもとても威張ってた。でも、夫が亡くなったら、私の機嫌をせっせととるんやもの。ゲンキンなものよね。今は、私も、拠り所は息子しかいないという気持ちになっているのかもしれません。いつか、「おかあさん、どっか施設へ行く？」って言われたらね、どうしょ？（笑）。だから、今日も「ごめんねえ、ありがとう」です。

Fashion point

シャープなスタイルを、フードではずして大人可愛くしたネイビーのコート（アクネストゥディオズ）。コートの下はデニムのジージャン（ヤヌーク）＆ストレートジーンズ（アーバン リサーチ ドアーズ）で、思いきりカジュアルに。白シャツの襟を出して、顔映りをシャープに。ジージャンは驚くほどやわらかくて体にフィット、きれいなラインがお気に入りです。でも、これだけだと地味すぎる。明るいイエローの入ったチェック柄の大判ストールで色遊びを。

CAFFER

古い洋服をよみがえらせる方法

気に入って買った洋服だから、長く着たい。だけど、無情にも時代は過ぎ、服は古びていきます。もったいないし、切ないし。捨てる？　いいえ、まだそれは早すぎると、しばらくタンスで眠らせておいたら、ある日、ナイスなアイデアが降りてきて（笑）、よみがえりました！

それが、このキャメル色の革ジャケット。丈が中途半端で時代遅れ。色落ちもすごいし、ボールペンの跡までついてる。だけど、下に短めのジージャンを合わせてみたら、これがよいの。長さのバランス、キャメル色と色落ちしたブルーの相性、使い込んだ革とジージャンのクッタリ感も、しっくり馴染んで、すごくよいの。若い人のイマドキのジージャンで、年代物の革ジャケットがこんなに素敵によみがえる！　おや、人生と同じに思えてきた。私も同じ。スタッフに若さをもらって、日々よみがえってます〜（怖！）。

Fashion point

20年以上前に買った革ジャケット（ニコルファーリ）にユーズド風のストレッチタイプのジージャン（ヤヌーク）、その下は赤白の縞のシャツ。ボトムはシャリ感のあるギャザースカート（アッシュ）でゆったりと。質感の異なる素材を重ね重ねて、最後にマフラーをぐるぐると巻いたレイヤードファッションです。デニムブルーが、ベージュトーンの差し色として効いてます。足元はコンバースで軽快に。あ、ソックス履くの忘れた！　これは、はずしと違います。寒！

ダウンサイジングと断捨離

夫が亡くなってから、広かった家を売りました。今は、小さなマンションで一人暮らし。最初は戸惑いましたが、歳をとると、ダウンサイジングしたほうが暮らしやすいのね。キッチンもベッドルームも、手を伸ばせばすぐ物が取れる。この便利さを、3年住んで習得しました。

同じ頃、洋服も盛大に断捨離しました。30代、40代の頃はハイブランドが大流行りだったから、私も山ほど買いました。でも、もう数はいらない。お気に入りのものさえあればいい。そう思って、着倒したもの、似合わなくなったもの、なんとなくしっくりこなかったもの、さて、何着手放したかしら？　中には思い出深いコートやバッグもありました。でも、思い出だけ残せばいいと思うのね。幸い、私は店をやっているので、そこで古着として破格値で全部売り切りました。結構な金額になったわよ（笑）。

Fashion point

グッチのロングカーディガンは、ニューヨークのデパートで買ったもの。この長さは珍しく、暖かくて着やすい。ずいぶん着込んで古くなったけれど、手放せず、今でもコート代わりによく着ます。一見マダム風なので、シンプルなイラストTシャツで、カジュアルにはずすのがポイント。レオパード柄のバッグ（グッチ）に合わせたパラブーツで、大人っぽく。ウールのザックリ感が生きるように、アクセサリーは控えめにして。

スカーフやストールは遊び道具

スカーフやストール、大好きです。口紅と同じで、おしゃれの仕上げはこれで決まる。洋服に色が足りなければ、差し色になるスカーフを。首元が寂しければ、マフラーをぐるぐるっと巻きつける。大判のストールは、さっと羽織るだけで、印象がまったく変わります。冬は防寒っていう目的もあるけどね。

着けるときはとっても無造作です。テレビでスカーフの結び方とか紹介してるけど、お手本どおりにやっても、面白くな〜い（笑）。私は、どこの模様が見えるかを気にするくらいで、パパッとたたんで、クチャクチャッと巻く。バサッと肩に掛けて、野暮ったくならない程度に整える。いつもそんな感じ。気分で巻くから、同じ服に同じスカーフを使っても、毎回違う。それがいいの。自分流に、いろいろやってみればいいんです。スカーフもストールも、遊び道具だから、ね！

Fashion point

全身茶色のトーンでまとめ、大きく開いたVネックセーター（アクネ ストゥディオズ）の胸元に、鮮やかなパープルのマフラーをぐるぐるぐるっと。華やかさが出ます。セーターは裾をたくし上げて、スカートにはさむと、動きが出て、モタッと重くなりません。ロングスカート（アッシュ）は素材のシャリ感が好きで、何度も洗っているうちに、体に馴染んできたお気に入りの１枚。薄手ですが、オールシーズン穿いています。

憧れ続けたバーバリー

若い頃、バーバリーのトレンチコートに恋い焦がれました。最初の出会いは、映画。ハンフリー・ボガートだったかしら？　トレンチコートの襟を立て、目深にかぶった帽子を傾けながら、雨の中を駆けてゆく。なんて素敵！　バーバリーへの恋心が芽生えた瞬間でした。さあ、それからは、コートと言えばバーバリー。バーバリーと言えばトレンチコート。定番のベージュと黒の2着を買って秋、冬と何年も愛用していたの。

ところが、あるとき、トレンチの肩章が気になり始めた。長さも今の私には、寸足らず。もっと私に合うのはないかいな？　そんなとき、出会ってしまった。たまに買うファッション雑誌のなかで。トレンチではないけど、肩章なしのロング丈。ステンカラーで、背中の太いベルトがカッコいい！　二度目の恋です。即、専門店に電話して、ゲット。似合ってますか？

Fashion point

バーバリーのコートを主役に、ベージュのワントーンでシックにまとめました。コートは後ろの太いベルトがポイント。後ろ姿で見せます。インナーは90ページと同じですが、コートひとつでこんなに印象がアクティブに変わるんです。襟を立て、同系色のマフラーを巻くと小顔効果も。ケリーバッグ、コートのボタンに合わせた黒い大きな指輪が差し色に。

仕事で“いのちの洗濯”しています

お店を始めて、かれこれ45年。今はもう、ほとんどのことはスタッフの女の子たちに任せています。でも、洋服の展示会には、4回のうち1回くらいは彼女たちと一緒に行きます。今でもファッションに関わってお給料をいただいているのだから、遊んでばかりもいられない。行けるよ〜というところを、スタッフにも見せておかなくちゃ。ときには東京へも遠出をし、ファッションの動向を知って、若い人の息吹を浴びる。これって、いのちの洗濯ですよ。

展示会場では、「あんたらの好きなのを選んだら」って、椅子に腰掛けて待っています。若い人たちが洋服の間を回りながら、ワアワアとにぎやかにやっているのを見てるのは楽しいです。でもね、最終的には、私も大御所として意見しますよ。「この色より、こっちの方がいいんちゃう〜？」って。

Fashion point

我ながらハードボイルド。まるでフィクサーみたい（あっは〜♪）。でも、黒のロングコート（iCB）はこのくらいのスカーフを合わせないと、ただのコンサバ。こういう黄色をパアッと持ってきて、パンツや靴、バッグを抑えたベージュ系で合わせると、落ち着いて品よくまとまります。全体のバランスを考えて、こげ茶のハットをかぶりました。バッグ（ロンシャン）は、ぺったんこのブリーフケースタイプ。実用的ではないけれど、ツーバッグで持って、差し色として使うことがよくあります。

Instagramより

肌寒い日。シャツの上から大昔のおんぼろシャネルを羽織った寅さんスタイル。

きのうはハイヒール履きすぎて足が痛かったので、今日はビーチサンダル！

これから新年会。パールのネックレスを重ねづけ。

ブルーの薄いニットのアンサンブルはブラウン系に合わせて。首元はハンカチでアクセント。

キャップは便利。ボサボサ頭も隠せるし、下向いたら顔も隠せる。デニムコートで。

雨の日は、なるったけ明るい色を着ると気分が上がります。

珍しいグリーンの花柄。柄にもなくチョイとセクシーだわ～。

張りのある黒いスカートは、それだけでシックな装いに。

今日も雨。思いっきりレッドなレインコート。レインブーツは持ってません。

凍えるほど寒い日は、全身暖かくしてお買い物に。

パリでは、大好きなマレ地区にアパート借りたり、ホテルを取ったり。後ろのカフェでチョイとワインを飲んだり。

バレンタインデー。ハートがいっぱい。真っ赤なコートとセーターで心もほっかほか！

今はあまり着なくなった短い丈のバーバリー。こんなコーデが好きでした。

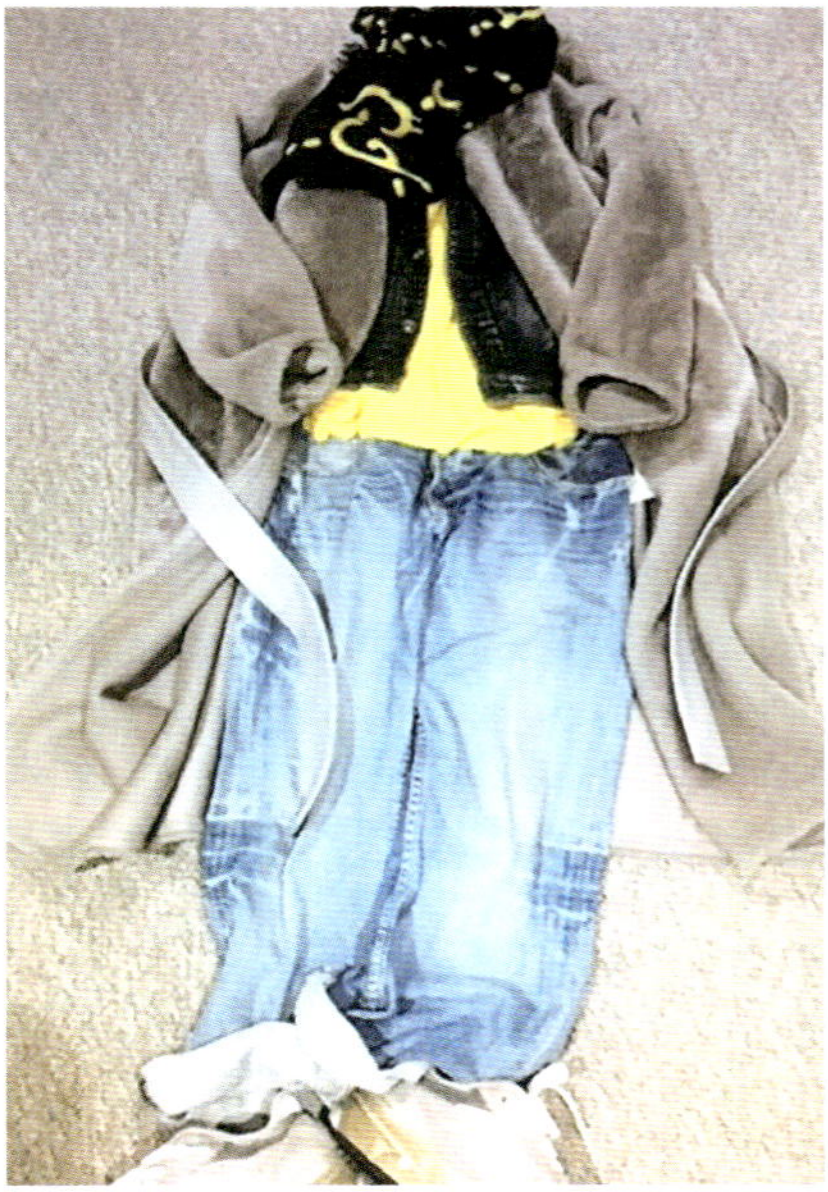

グレーのムートンコートは何色にでも合う。
白、黄色、ピンクも可愛い！

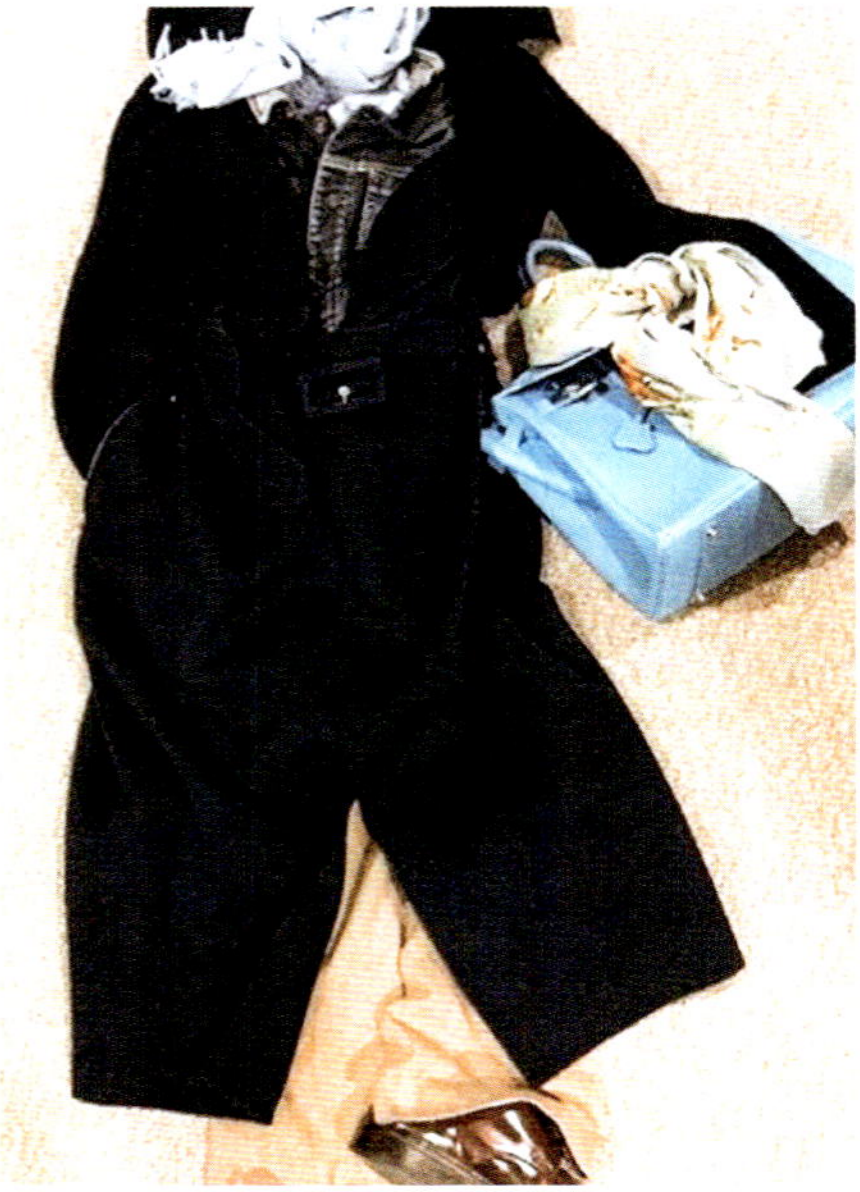

冬支度。フード付きネイビーのロングコート。
幾分古いコーデだけど、今も好き。

春色ソックスに合わせたコーデ。どちらも好き！
クチュクチュにして履くと可愛い。

おわりに

「本？　なんで、私なん？」

最初に出版のオファーを受けたときの感想です。本が完成する間際になってもまだ、この不思議な感覚が抜けません。明日の朝、目が覚めたら、夢で終わっているんじゃないかしら。

思い出話を一つしましょう。体育大学を卒業して、中学教師になったばかりの頃のこと。校長先生に、ちょっとちょっと、と呼ばれて、優しく諭されたことがありました。「あのな、君の服装なぁ、先生らしくないから明日から改めておいでよ」。そのとき、私はピンクのブラウスに、少し短めのスカートを穿いていました。あっ、と思って、翌日はすぐさま、採用試験の面接以来しばらく着ていた白のブラウス、紺色のスカートに替えました。しかし、それ以降も、私は「先生らしい服装」に悩みました。爪を赤くして女の先生ににらまれ、おもちゃみたいな指輪をして男の先生におかしいぞと言われる。そういう苦い経験を経て、ようやく「先生らしい服装」に慣れてきた頃、子育てのために教師を辞めたのです。

辞めた途端に目覚めたのが、子どもの頃からのおしゃれ心です。もう「教師らしい服装」をする必要はない。やった〜！と、おしゃれエネルギーが爆発し、それはもうはじけたように、お金と時間をつぎ込みました。次男の幼稚園の保護者会では、派手なファッションで、一番目立っていたでしょうね。

一方で、教師時代は、学校の制服にも違和感を抱いていました。一律的な制服は、子どもたちに、「学生らしさ」を求めることはあっても、「自分らしさ」を育ててくれる服装ではありません。本来、洋服には人を育てる、個性を育てる力があるのに……。ふつふつと湧き上がる思いが一つになって、子供服の店「花の木」(のち、「hananoki」に改名)を始めたのです。

振り返れば、私は「おしゃれ」と一緒に生きてきました。子どもの頃、母の影響を受けておしゃれに目覚め、高校、大学とファッションに明け暮れる青春時代を送りました。教師時代は服装の「らしさ」に悩み、子育ての経験から「hananoki」を構えて、すでに45年です。そして、今、私は手のひらに載せたスマートフォンの、インスタグラムという小さな舞台で一人ファッションショーを開催しています。これ、本当に82歳のおばあちゃん？って驚かれながら(笑)。

私は、82年間洋服で旅しながら「私らしさ」を求めてきたのだと思います。私はわたし、と何のためらいもなく、私はおしゃれを楽しんできました。この本でお伝えしたいことは、そのことだけ。どうぞ、おしゃれで思いきり遊んでください。

最後に、本という新たなチャレンジに戸惑う私を、「頑張れ、応援するよ！」と励ましてくれた二人の息子、大切なスタッフや友人たちに、心より感謝します。

二〇一九年十一月

木村眞由美

木村眞由美［きむら・まゆみ］

1937（昭和12）年10月、広島県呉市に生まれる。父が早くに亡くなり、小学校教師の母と二人で暮らす。ハイカラな母に雑草のように育てられ、はじけた子供時代を送る。高校生のとき、おしゃれに目覚め、教師の目を盗んではアバンギャルドなファッションを楽しむ。日本女子体育大学卒業後、広島で体育教師を数年務めたのち、結婚により神戸に移る。次男が生まれるまで中学校の教師を務める。教師を辞めたあと、1974年に子供服の店「花の木」を開く。現在は、子供服と婦人服のセレクトショップ「hananoki」として存続。夫を亡くした後、2015年より、Instagramを始めると、ヴィヴィッドな色合わせ、品よく着くずすおしゃれなファッションに「カッコよすぎる!」と全国にファンが増殖中。

hananoki：https://3midori.com/list/hananoki/

撮影……白川青史
迫田真実
p1、30-31、46-47、68-69、84-85、86-87、
88、94-95、100-101、110-111、114-115

取材・文……鵜養葉子

デザイン……飯塚文子

編集……清水能子

◎撮影協力（五十音順）

芦屋モノリス
アンジー
カフェラ
ガーデン・バイ・マザームーン
ケイズプリュ
トリウオ
ハナノキ
ホームワード
マザームーンカフェ三宮本店
マザームーンカフェ六甲店

Special thanks：岡本由美、呉玲奈

私《わたし》はわたし、
80過《す》ぎてもおしゃれは続《つづ》く

2019年11月7日　初版発行

著　者　木村《きむら》　眞由美《まゆみ》

発行者　川金 正法

発　行　株式会社 KADOKAWA
〒102-8177　東京都千代田区富士見2-13-3
電話　0570-002-301（ナビダイヤル）

印刷所　図書印刷株式会社

◎お問い合わせ https://www.kadokawa.co.jp/
（「お問い合わせ」へお進みください）
※内容によっては、お答えできない場合があります。
※サポートは日本国内のみとさせていただきます。
※ Japanese text only
定価はカバーに表示してあります。

ISBN 978-4-04-064133-1 C0077